AFFAIRE DE LA PÉNISSIÈRE.

PLAIDOYER

De Me Nibelle,

AVOCAT A LA COUR ROYALE DE PARIS,

POUR

Louis JAMIN, Pierre-Louis RACAUD et Jean DEVAUX,

CO-ACCUSÉS DE S. A. R. Madame, duchesse DE BERRY.

COUR D'ASSISES DE POITIERS,

AUDIENCES DES 21, 22, 23, ET 24 AOUT 1833.

PRIX : 1 FR. 50 c.

Se vend chez :

DENTU, LIBRAIRE, AU PALAIS-ROYAL ;

HIVERT, LIBRAIRE, QUAI DES AUGUSTINS, N° 55.

1833.

IMPRIMERIE DE VEUVE THUAU,
Rue du Cloître Saint-Benoît, n° 4.

PLAIDOYER

Louis JAMIN, Pierre-Louis RACAUD, et Jean DEVAUX.

MESSIEURS LES JURÉS,

C'est par l'amour et non par les châtimens que les trônes s'affermissent.

Ce n'est pas sans un douloureux étonnement qu'après trois années d'une révolution qui se dit grande, forte, magnanime, nous entendons parler encore de conspirations, de soulèvemens, de châtimens nécessaires à la consolidation du trône de juillet. Ce n'est pas sans un douloureux étonnement que nous voyons des faits politiques accomplis depuis une année, transformés en crimes capitaux, et que nous entendons des menaces de mort contre de pauvres paysans qui auraient pris une part obscure à ce grand drame étouffé dès son origine.

Assez d'accusés ont chargé le banc des assises et soulevé ces débats pénibles qui aigrissent les cœurs et remuent les passions. De tous les points de la France sont partis des cris de pitié et d'absolution. Sur tous les points de la France le jury a rendu les captifs à la liberté. On voulait en finir, et ce n'était pas par des arrêts de mort. Ils commencent les révolutions au lieu de les terminer. La voix du pays n'a pas été comprise.

Vous le dirai-je, une demande en règlement de juges me remplissait d'espérance, et je regardais comme terminées les affaires de l'Ouest. Il me semblait que le ministère de la défense était épuisé. Je croyais qu'il était impossible que le premier mai ne vint pas annoncer une amnistie générale, que tous les cœurs, que tous les partis avaient depuis long-temps proclamée. Ce mot avait retenti dans toutes les bouches, il était dans l'intérêt du pouvoir; j'avais presque oublié mes cliens. Je les retrouve dans les cachots, chargés des mêmes chaînes qu'ils portaient il y a plus d'une année. Point de clémence : Justice donc; c'est vous qui serez notre Providence. Vous accomplirez un grand devoir. Vous ne serez pas les dociles instrumens d'une colère sans but désormais. La plus grave des accusations est sans écho dans le pays et en complet désaccord avec tout ce qui nous environne.

Déjà, Messieurs, on a compris la faiblesse de l'attaque. On ne se présente devant vous qu'avec des paroles de douceur et en faisant, vous a-t-on dit, une large part à l'indulgence. C'est avec une demi-justice, c'est en abandonnant cinq accusés que l'on se montre plus menaçant et que l'on se croit plus fort contre les autres. Vous acquitterez, et la justice sera complète.

Racaud et Deveau! séparés de tous les vôtres, traînés de prison en prison, victimes d'une longue et dure détention, après avoir vainement protesté contre les rigueurs dont vous étiez l'objet, vous ap-

prenez enfin qu'aucune charge ne pèse sur vous.
Pauvres gens, que l'on n'a pas voulu entendre et
que l'on a confondus avec des malfaiteurs !... Racaud
et Deveau! vous m'avez ému depuis long-temps, et
j'étais venu de loin pour vous défendre. M. l'avocat-
général a ici sur moi le doux avantage de proclamer
le premier votre innocence. Vous allez retrouver
vos femmes et vos enfans. Unis intimement à vos
compagnons par l'infortune, espérons que vous ne
serez point séparés aujourd'hui, et qu'ils partage-
ront avec vous les joies de la famille, les joies du
foyer domestique.

L'accusation, en se restreignant, agrandit ma
noble tâche. Tous les coups se concentrent sur mon
client. C'est contre lui que l'on a réuni tant de té-
moignages. C'est lui que l'on vous peint comme un
homme dangereux, un homme de résolution et de
courage. C'est lui que l'on marque pour la mort.
Les gens du roi voudraient au moins prélever sur
les co-accusés de *Madame* une dîme pour l'échafaud.

Il me reste donc à justifier Jamin. J'avais cru entendre son absolution dans ces belles paroles d'un
éloquent avocat-général : (1) « *Nous avons licencié de
nos lois la mort et le bourreau,* et voilà que par une
effrayante question subsidiaire que la cour ne sau-
rait poser, on fait rentrer dans cette cause la mort
et le bourreau.

Jamin, vous a dit M. l'avocat-général, est un
homme de guerre civile. Dès 1815 il leva l'étendard
de l'insurrection, et son père succomba dans nos
sanglantes discordes. *Si ce n'est lui, c'est donc son
père.* M. l'avocat général se trompe de date ; il ou-

(1) M. Gaillard.

blie que le grand guerrier, que Jamin osa combattre, était appelé usurpateur par celui qui gouverne aujourd'hui. M. l'avocat-général oublie ces expressions si remarquables de M. le duc d'Orléans : *Il n'a manqué a Bonaparte qu'une seule gloire , celle de rendre la couronne à son roi légitime* (1). Ainsi donc, en 1815 , point d'insurrection dans le sens de M. l'avocat-général. Il y avait oppression. La résistance était légale. *Jamin ,* a-t-on ajouté, *avait la mort de son père à venger !*

Ce n'est pas moi qui viens évoquer ici des souvenirs déchirans qu'il faudrait ne pas éveiller pour l'honneur de l'humanité. Ce n'est pas moi qui viens rappeler à un fils qu'il y a dans son cœur une plaie profonde. Il me l'avait laissé ignorer. Les cannibales de 93 prirent le père de Jamin dans un combat et massacrèrent leur prisonnier. Ils renouvelèrent pour lui les tortures et le supplice des martyrs de l'ancienne Rome. Ils lui coupèrent d'abord les mains, ils lui coupèrent les pieds et lui tranchèrent ensuite la tête. Après ces horribles mutilations , ils lui arrachèrent le cœur et dispersèrent avec férocité ses chairs palpitantes. Averti par M. l'avocat-général, j'ai interrogé Jamin. Il m'a fait hier ce douloureux récit, interrompu par ses larmes; mais hier, comme autrefois , il ne m'a point parlé de vengeance. Ah ! sans doute , si la France se levait en deux camps, forcé de prendre parti, Jamin ne grossirait pas les rangs des hommes de la révolution. Il est séparé

(1) On trouve cette curieuse anecdote dans la chronique de France. M. Mennechet ajoute : « *Je l'ai vu et entendu.* » M. Mennechet n'a pas été démenti.

d'eux par un tombeau : Jamin suivrait l'ombre de son père.

L'un de MM. les avocats-généraux (1) a compris combien un pareil procès avait de défaveur au milieu de la tranquillité générale. Il a donné à entendre que la Vendée n'avait accordé qu'une trève au pouvoir. Pour faire renaître vos craintes et vous exciter à des exemples de sévérité, il vous a dit que les insurgés en se quittant s'étaient réservés pour des temps plus heureux. Il vous a dit qu'ils n'attendaient que la majorité de Henri V, époque de désastres et de soulèvemens. Assertion téméraire ! Tout repousse cette dangereuse insinuation.

La majorité du précieux fils de France est sans doute un fait grave, mais des paysans ne font point ces distinctions légales lorsqu'ils veulent courir aux armes. Ne sait-on pas d'ailleurs que les hommes de la majorité sont les hommes parlementaires qui attendent tout du temps, de l'esprit public et du droit? Si vous le jugez convenable, riez de la majorité et de ces fictions qui peut-être en secret vous tourmentent, mais ayez la bonne foi de ne pas supposer des combats dont vous avez besoin pour donner quelque force à vos réquisitoires. M. l'avocat-général est désespérant : il ne veut pas que l'on aspire à des temps plus heureux. Tout doit être immuable pour nous, même de lourds impôts et la misère. Les hommes qui ont remis aux hasards d'une guerre intestine, les destinées de leur pays n'ont jamais regardé comme heureux des momens de crise, des momens de sang et de larmes.

Rassurons-nous donc, Messieurs, et que pour

(1) M. Diault.

troubler nos esprits M. l'avocat-général ne fasse plus
apparaître dans cette enceinte l'effroyable fantôme
de la guerre civile. Elle n'est plus possible parmi
nous.

Pour vous rendre ma pensée d'une manière complète, et ne pas éveiller des passions qui doivent se
taire en présence du malheur et de la justice, per-
mettez-moi de vous parler avec l'histoire. C'est un
guide sûr; il pèse froidement les faits et les hommes.
Il apprécie la moralité d'une action; il descend dans
les consciences, tient compte des faiblesses, des
temps, des circonstances. Il sait faire la part du
bien et du mal. Il absout, et même glorifie de généreuses erreurs. Il flétrit ces triomphateurs d'un
jour qui, abusant de la force et de la victoire qu'ils
ont surprise, aveuglés par une haine ambitieuse,
remettent à la vengeance le soin de pacifier une
terre héroïque qui tremble incessamment sous les
pas de ses ennemis et dévore les tyrans.

Il y a des hommes pour lesquels les croyances politiques ont toute la vivacité, toute la chaleur des
croyances religieuses. Martyrs de leurs opinions, ils
meurent plutôt que de les abandonner. Ils obéissent
à une conviction profonde, à une voix intérieure,
à un devoir sacré. Ils agissent sans examiner toutes
les conséquences de leurs actions. Ils ne s'occupent
que de ce qui est un droit à leurs yeux, et s'inquiè-
tent peu du fait qui les accable. Ils se dévouent
sans hésiter à ce qui leur paraît juste, et ne comptent
pour rien la grandeur des périls qu'ils auront à sur-
monter. Certes, de pareils hommes sont respectables
jusque dans leurs erreurs. S'ils s'égarent, il faut les
plaindre. Il vaut mieux surtout les contenir par l'in-

dulgence que par les supplices. Le sang d'un meurtrier intimide le meurtrier, et met à l'abri la société
contre les crimes auxquels un lâche assassin pourrait
se livrer. Le sang de l'homme politique versé sur
l'échafaud n'est une tache que pour les sacrifica-
teurs. La mort grandit, sanctifie le nom de la victime, et du fond d'un tombeau un cadavre mu-
tilé soulève mille ennemis redoutables contre un
pouvoir qui s'appuie sur le bourreau.

Lorsqu'une vieille monarchie s'écroule et est vio-
lemment remplacée par un ordre de choses en opposition avec les goûts, les mœurs, les habitudes,
les affections d'une partie de la nation, elle laisse
après elle de longs regrets. Une révolution qui brise
de nombreuses existences, blesse de grands intérêts,
change de place les fortunes, ne s'accomplit pas sans
de profondes secousses. Qu'une horrible tempête
soulève l'Océan et ravage le monde, les flots sont
long-temps émus et le calme ne se rétablit qu'après
les plus terribles commotions.

De grands changemens survenus en France ame-
nèrent un choc effrayant. Des despotes obscurs et
farouches se partagèrent le pays et voulurent établir
par la crainte leur sanglante domination. Les têtes
se courbèrent devant les proconsuls de la révolution.
Le domicile, les choses, les personnes, rien ne fut
sacré pour les séïdes de la puissance. La terreur, en
comprimant tous les esprits au nom de la liberté,
fit éclore les plus graves ressentimens. On se taisait,
mais l'attitude sombre des populations était une
protestation de tous les instans contre ceux qui pla-
çaient le trône aux *jacobins* et portaient l'autel au
Champ-de-Mars. Le despotisme féroce des uns,

l'opposition silencieuse des autres, furent les germes, de nos cruelles divisions. La colère couva au fond des cœurs. Contenue long-temps, elle ne fut que plus redoutable au moment de l'explosion. On courut aux armes ; la persécution enfante des héros. Un mécontentement sourd avait précédé ces grandes et malheureuses convulsions du pays.

Le bas Poitou et la Vendée conservaient la foi antique. Ils auraient tout sacrifié avec joie pour la religion. Le dogme de la légitimité était pour ces contrées fidèles un second culte. Au milieu du bouleversement général, elles chérissaient davantage leurs vieilles coutumes, et toutes ces traditions locales vouées à tant de mépris par les régénérateurs dont elles ne supportaient qu'avec impatience et colère les innovations. Une vaste insurrection sortit du Poitou et de la Vendée. Je ne prétends pas préconiser une lutte douloureuse, car de quelque côté que soit la victoire, il faut la couvrir d'un voile funèbre. Je raconte, j'établis des faits. Les paysans entraînèrent leurs seigneurs et en firent d'illustres généraux. Des bandes d'agriculteurs traitèrent avec la république et le consulat. L'histoire n'a point flétri ces soldats armés de faulx et de bâtons. L'équité de tous les partis a même fait une différence entre les insurgés et cette colonne infernale, cette colonne de Mayençais traversant les villages comme une lave brûlante. au milieu du sang et de l'incendie. Un fait que l'histoire a consacré nous donne une juste idée de l'esprit de ces hommes à conviction que l'on traite ici en malfaiteurs. Un Vendéen armé d'une fourche se défendait contre plusieurs soldats républicains. Touchés de son courage et de sa résistance désespérée, ils lui criaient : « Rends-toi ! — Rends-moi mon Dieu ! » répondait le Vendéen, et il expira couvert de blessures.

N'est-il pas vrai, Messieurs, que les Larochejaquelein, les Lescure, les Bonchamp, les Cathelineau étaient des héros ? N'est-il pas vrai qu'en lisant nos événemens de trente années vous souhaitiez que tous ces affreux conflits se terminassent autrement que par du sang, toujours du sang ? N'est-il pas vrai que ces proscriptions en masse sorties de nos assemblées, que ces arrêts rapides comme la foudre qui frappaient les illustrations du pays ou de malheureux paysans, vous ont souvent fait frémir ? N'est-il pas vrai que ceux d'entre vous le plus indisposés contre l'ancien ordre de choses et qui approuvaient une révolution voudraient qu'elle eût été pure de toute cruauté ?

Pourquoi donc ces regrets impuissans qui saisissent le cœur ? Vous seriez-vous attendris sur des coupables ? Une commisération tardive qui se glisse dans l'âme part d'un sentiment vrai fondé sur la raison comme sur l'humanité. Le temps a fait tomber le voile des passions. L'égarement d'un jour est remplacé par la justice des siècles. Ce gémissement qui se fait entendre sur la tombe de ceux que nous n'avons pas connus est un cri d'acquittement pour les infortunés qui nous sont livrés sous le poids des mêmes accusations. Un profond intérêt nous domine à notre insu. Nous nous attendrissons sur ces hommes énergiques qui ne remettaient qu'à Dieu et à leur épée la décision des grands intérêts du pays. Ils ont fait la guerre, et malheureusement la guerre civile. Cette guerre est cruelle, atroce, la plus terrible de

toutes. Chaque combattant n'est pas un ennemi or-
dinaire. Il n'arrive pas sans aucun ressentiment au
lieu où la querelle sera vidée, où il disputera sa vie.
L'honneur, les affections, les intérêts des parties se
trouvent engagés dans cette lutte mortelle. C'est un
combat d'homme à homme, c'est un duel qui se ter-
mine dans le sang, mais du moins ceux qui restent
debout se réconcilient; ils s'embrassent comme des
hommes vaillans et ne s'exterminent pas en invoquant
des arrêts et des supplices. Les lois ordinaires se taisent en présence de tant de rebelles ou plutôt de
tant de généreux citoyens que la victoire seule a
condamnés. Les lois ordinaires se taisent, et le droit
des gens prononce.

Il ne s'agit pas en effet d'une atteinte contre les
biens et les personnes. C'est l'ordre de choses
du moment contre lequel il y a eu protestation;
c'est le chef de l'état qui a été méconnu; on n'a pas
cru à sa légitimité. Je conçois à merveille l'énergie
des gens du prince pour repousser une telle préten-
tion lorsqu'elle se présente en armes. Il est important d'étouffer, dès son origine, l'opposition qui se
déclare; mais lorsque la sécurité du nouveau pouvoir a cessé d'être compromise, il est juste d'user
d'indulgence pour ceux qui se sont soulevés. La clémence profite au fort comme au faible. Le pays tout
entier demande que ses enfans ne soient pas inutilement sacrifiés, et que le droit redoutable de la
victoire ne pénètre pas jusque dans une cour d'assises. Il ordonne d'épargner ceux qui ont succombé
et dont il a encore des services à réclamer.

Lorsqu'un chef est donné à un état, que ce chef
prenne le titre de roi, d'empereur ou de président,

que son droit vienne de Dieu, que son droit vienne
des hommes, la cause et le but de sa puissance sont
les mêmes. Le gouvernant est choisi pour le bien
de tous et non pas pour son bien particulier. Le
principe de la royauté est un principe d'union et de
bonheur pour les hommes, c'est un principe d'humanité. Un roi existe pour établir la concorde
parmi ses sujets, pour calmer leurs passions, pour
les unir, pour les faire concourir au salut commun,
à la prospérité commune. Un roi existe pour rame-
ner à l'État ceux qui veulent s'en séparer. Un roi
existe plus pour pardonner que pour punir.

Le corps social est jaloux de la conservation de
tous ceux qui le composent. Ils font sa grandeur, et
il ne consent à perdre l'un de ses membres qu'après
que le coupable s'est retranché lui-même de la société par l'un de ces crimes irrémissibles qui attestent les vices du cœur et une grande perversité. Ainsi
donc que les assassins, que les incendiaires, que les
empoisonneurs tombent sous le glaive des lois, on
ne trouvera pour les plaindre que ces rhéteurs phi-
lantropes qui tout amour dans leurs écrits s'attendris-
sent sur des actions que la morale condamne, ten-
dent la main aux malfaiteurs, embrassent les vieux
habitans des bagnes, et renoncent subitement à leur
mansuétude à la vue du captif politique qui a cherché à briser l'idole qu'ils encensent à genoux malgré
leur indépendance et leur philosophie. La société
est étrangère à de telles préférences. Elle ne sent
pas les petites passions de l'intérêt personnel ou de
l'amour-propre. C'est l'homme corrompu, l'homme
gangrené qu'elle a entendu proscrire. Mais l'homme
que l'entraînement, des convictions, et si l'on veut

même des préjugés, ont placé de bonne heure dans un camp ennemi; l'homme qui s'est livré à des actions que le triomphe eût rendues héroïques, l'homme qui a reconnu son impuissance et se trouve désarmé, non seulement par sa volonté, mais encore par les circonstances, pourquoi la société le frapperait-elle ? Le crime a disparu avec le péril; car le péril seul faisait le crime. La politique comme la raison fait un devoir de l'absolution lorsqu'il n'y a plus aucun danger à absoudre.

Ne craignez donc pas, Messieurs, que ma doctrine, toute de paix, soit funeste au pouvoir, et le livre sans défense à ses ennemis. Qu'au moment du combat on disperse, on frappe, on immole tout ce qui résiste; c'est le droit de la guerre : il est assez terrible ; mais lorsqu'on a posé les armes, l'humanité ordonne de faire des prisonniers, et des prisonniers deviennent sacrés pour les victorieux.

On me répondra qu'il n'y a pas de crimes plus grand que de troubler son pays, et de le déchirer par des discordes intestines. Là n'est pas la question : c'est surtout l'intention qui fait la culpabilité ; celui qui prend une résolution violente, ne se croit pas un mauvais citoyen. Il ne croit pas nuire à l'Etat. Dans ses idées, il se sacrifie pour lui. Il voit ailleurs, le bonheur public, qui est le but de tous ses efforts et la seule récompense de ses périls.

Dans toute guerre civile, il y a contestation sur le parti qui doit détenir la puissance. C'est là, Messieurs, l'unique objet du combat. D'un côté l'erreur existe. Elle est surtout excusable de la part de ceux qui se sont prononcés pour une souveraineté sans discussion pendant plusieurs siècles. Il y aurait démence et cruauté chez un prince qui voudrait faire périr ou emprisonner tous ceux qui lui disputeraient sa nouvelle couronne. Les vaincus n'auraient d'autre refuge que la mort et le désespoir. Ils vendraient chèrement leur défaite et l'Etat n'aurait que des pertes à déplorer.

Le duc d'Albe ne connaissait que les supplices pour réduire des sujets révoltés contre son maître. Il se vantait d'avoir livré vingt mille rebelles à ses exécuteurs. Le duc d'Albe enleva, ainsi de belles provinces à l'Espagne. L'irritation toujours croissante fut plus forte que les bourreaux.

L'infortuné duc de Montmorency s'était soulevé contre son roi. Il avait cédé aux instigations du duc d'Orléans; car, vous le savez, *ce duc d'Orléans avait conspiré aussi.* Prisonnier à Castelnaudary, le duc de Montmorency fut jugé et exécuté à Toulouse. Un monument a consacré la mémoire de cette grande victime d'une révolte. Les honnêtes gens, dit le républicain Wathel, plaignirent le duc de Montmorency. Sa mort pèse encore sur la mémoire de Richelieu.

Vous avez gémi sur la triste fin du maréchal Ney. Le fait n'était toutefois pas douteux, mais le maréchal tout chargé de la confiance de Louis XVIII, avait cédé à ses vieilles affections pour l'empereur. Il n'avait pu entendre, sans être séduit, la voix de son général. La vue de ses aigles, de son drapeau achevèrent sa défaite. Le cœur fit taire le devoir. Le traître a disparu, et l'on n'a vu que le héros tant de fois épargné par le plomb de l'ennemi tombant au Luxembourg.

Si les mêmes circonstances, des circonstances

plus impérieuses avaient entraîné des paysans qui ne sont liés au roi actuel par aucun serment, par aucune promesse, les frapperiez-vous en présence de la tombe du maréchal? Ces pauvres gens ne sont pas d'illustres guerriers. Leur vie est-elle moins précieuse?

Eh bien! *Madame*, la mère d'un enfant qui fut salué roi dans son berceau était en Vendée. Quel prestige pour des hommes du Bocage! Quel empire une femme, une princesse ne devait-elle pas exercer sur ces contrées auxquelles elle venait confier la fortune de son fils et sa propre défense! Représentez-vous, *Madame*, une héroïne, seule, poursuivie et frappant aux portes de la chaumière et ne prononçant que ces mots, ces mots magiques : *Je suis Caroline de France, j'ai compté sur vous.* Ah! qui ne comprend un Vendéen obéissant à la voix d'une auguste proscrite? Qui ne comprend un Vendéen ressaisissant alors ses vieilles armes, même sans la conviction du succès, ne fut-ce que pour échapper au reproche de lâcheté. Pour des Français, jamais exaltation ne fut plus naturelle et plus difficile à repousser.

Madame, en sûreté sous les toits hospitaliers du Bocage, exerçait une domination d'autant plus grande qu'elle venait dépouillée de la puissance. Toute sa force était dans les regrets et l'amour du pays. Pas une bouche vendéenne n'a dénoncé ses courses mystérieuses et ne s'est ouverte pour livrer une jeune mère de roi à l'or de M. Thiers; amis et ennemis, les cœurs généreux, vous les premiers, Messieurs, tous enfin nous aurions été fiers d'offrir un asile à *Madame*. Aucun de nous n'eût attaché à son nom la honte d'un refus ou l'infamie d'une trahison. Cependant avec le langage légal du ministère public nous aurions été tous coupables. Disons-le donc, il y a quelque chose de plus fort que toutes les lois de convention, c'est l'honneur, c'est la sainteté des vieux engagemens, c'est cette conviction qui ne change point à la vue des cachots et du bourreau.

Il y a eu doute sur la mise en accusation de *Madame*: il m'est permis de pénétrer dans la chambre des délibérations de la Cour : deux magistrats, dignes des temps antiques, se sont couverts de gloire en déposant leurs toges plutôt que de signer un arrêt qui blessait leurs consciences. L'estime publique nomme M. Parigot et M. Rogue. Ils ont été suivis des hommages de tous les partis dans leur honorable retraite. Le gouvernement a sanctionné cette noble conduite d'hommes indépendans, car *Madame* n'a pas été accusée. On a invoqué les lois de la guerre contre la royale prisonnière. Sans mandat, sans jugement elle a été enfermée; sans jugement, les portes de Blaye se sont ouvertes.

Si *Madame* était sur ces bancs, si elle vous disait : *En réclamant les droits imprescriptibles de mon fils, je croyais vous arracher à l'anarchie et à l'étranger. Je suis venue pour vous sauver*; si *Madame* était sur ces bancs, la condamneriez-vous !... Frapperez-vous de simples paysans quand le principal auteur est libre, pour me servir du langage de l'accusation ? Ah ! *Madame* s'écrierait : *Condamnez-moi ! renvoyez ces pauvres gens, ils n'ont été que des instrumens !...* Avant tout, il faut être juste, et la justice exige que l'on ne promène pas capricieusement le glaive de la loi sur la tête des citoyens.

2

Vous pouvez, Messieurs, dès à présent apprécier la moralité de ce procès. Ne croyez pas cependant que je ne vienne demander un acquittement qu'à votre pitié. Si l'humanité vous dit d'absoudre, la loi vous le prescrit également.

Nous sommes accusés d'*attentat* ayant pour but de renverser le gouvernement, *l'ordre de successibilité au trône*, et d'exciter à la guerre civile.

L'article 88 du code pénal est ainsi conçu :

« L'exécution ou la tentative constitueront seules « l'attentat. »

On ne prétend pas qu'il y a eu exécution. Il faut donc bien se fixer sur ce que l'on entend par tentative.

À l'apparition du nouveau code, les parquets soutinrent que la tentative de l'art. 88 était une tentative spéciale entièrement détachée des autres dispositions, et ils cherchèrent à lui donner une grande extension. Le code de 1832 avait été fait pour adoucir les rigueurs du code de 1810. Aussi la cour de cassation restitua à la tentative son véritable caractère, et elle décida dans l'affaire des *Prouvaires* qu'il fallait se reporter à l'art. 2 du code pénal, et que la tentative n'était criminelle ou plutôt qu'il n'y avait tentative qu'autant qu'elle s'était manifestée par un *commencement d'exécution*. Il est facile de ne pas se méprendre sur ce que l'on appelle commencement d'exécution, *c'est le crime, c'est un acte aussi coupable que le crime*, c'est le premier pas fait dans l'exécution même du crime. On a distingué la *tentative* des *préparatifs*. La *tentative* est punie comme le crime, parce qu'il y a eu un acte extérieur qui commençait l'accomplissement d'une intention criminelle. Les préparatifs blâmables aux yeux de la

morale sont encore hors du domaine de la loi pénale. Ils n'ont pas les caractères qui permettent de
frapper avec sécurité. Les préparatifs ne sont que
la manifestation d'une pensée coupable, et cette
pensée peut mourir dans le cœur de l'homme. Le remords, mille circonstances font avorter un projet
conçu dans un moment de haine, de colère ou
d'exaspération. Ainsi *concerter* un empoisonnement,
se *choisir* des complices, *acheter* du poison, le confier à l'individu chargé de l'administrer, ce n'est
que *préparer* le crime. (Cour de cass. 11 mai 1811,
affaire Levaillant). La tentative exigeait un acte
ayant le caractère d'un commencement d'exécution.
Il fallait, par exemple, que le poison eût été jeté
dans la coupe de la victime. Des brigands *s'assemblent* dans le voisinage d'une maison isolée, disait
Hennequin, ils se *comptent*, *arrêtent* un plan d'attaque, *chargent leurs armes*, *ce ne sont là que des préparatifs*. Ces principes posés, j'établirai que tous les
faits antérieurs au combat de la Pénissière ne sont
que des *préparatifs*. J'établirai que le combat n'était
pas un attentat, mais un acte commandé par la nécessité, pour repousser la mort. Voilà toute ma défense.

Avant d'examiner les faits, j'éprouve le besoin d'éloigner de fâcheuses préventions dont on a
cherché à remplir vos esprits. J'éprouve le besoin
de vous faire connaître ce *Jamin*, ce malheureux
métayer que le ministère public accable de tant de
reproches et dévoue à une condamnation si terrible.

La commune de la Bruffière est comme toutes
les communes du Bocage, divisée par une foi politique différente, et d'autant plus ardente que l'on a
voulu jeter au sort des armes ces grandes questions

où sont engagés nos plus chers intérêts et nos plus vives affections. Vous comprenez, Messieurs, la violence des haines de parti, et avec quelles expressions de colère des hommes justes, pleins d'humanité dans toute autre circonstance, qualifient un adversaire qu'ils regardent comme un ennemi. De part et d'autre, on s'envoie les accusations les plus odieuses. On n'accorde aucune qualité à celui qui ne marche pas dans nos rangs; on ne lui suppose que des pensées criminelles. On l'appelle *brigand*, *assassin*. Notre langue n'a pas de mots assez énergiques pour exprimer notre indignation, et dans notre exaltation nous faisons un hideux portrait que nous croyons loin encore de la réalité. A cela, ajoutez la peur qui ne calcule rien; la peur, toujours prompte à sacrifier un ennemi et à exagérer son importance.

Ainsi Besson de la Bruffière a péri sous un plomb meurtrier. Le coupable est *inconnu*. La justice n'a pu ni l'atteindre, ni même le désigner. Dès lors un champ vaste est ouvert aux suppositions; une voix, peut-être celle d'un ennemi qui se cache dans l'ombre, peut-être celle du coupable, a nommé clandestinement Jamin. On n'a pas de preuves. Mais le mot circule, il grandit d'autant plus menaçant qu'on ignore d'où il est parti; il pénètre jusque dans ce sanctuaire, et un procureur général (1), après une ordonnance de non-lieu, lorsqu'il s'agit de peine capitale, ne craint pas de consigner dans un acte d'accusation que c'est *une opinion généralement répandue, qu'un infortuné dont on demande la tête a trempé dans l'assassinat du capitaine de la garde nationale de la Bruffière.*

(1) M. Gilbert-Boucher.

Une opinion généralement répandue !.. Grand Dieu ! c'est avec des mots vagues que l'on demande la tête d'un citoyen en présence d'un arrêt qui le justifie. *Une opinion généralement répandue !...* Mais où est-elle donc cette opinion et sur quoi s'appuie-t-elle ? Ah ! M. le procureur général, que répondriez-vous si je rapportais ici toutes les opinions *généralement répandues !...*

Un soir d'été, à six heures, Besson est tué près de la Bruffière. *Le lendemain matin à sept heures*, Jamin dit : *En voilà un de mort, la guerre va recommencer.*

Vous appelez cela un fait nouveau, vous faites des réserves pour étonner le jury, et vous oubliez que Jamin ne demeurait qu'à une demi-lieue de l'endroit où fut frappé le maire de sa commune. Vous oubliez que le bruit de la mort de Besson avait couru rapidement dès le soir même, et que tout le monde s'en entretenait.

Non, M. le procureur général, non, le sang de Besson ne retombe pas sur mon client ! Jamin aurait pu se laisser entraîner dans une aventureuse entreprise qui ne lui montrait que de l'honneur et de la gloire. Il a horreur d'une lâcheté. Celui qui combat n'assassine pas. Parlez de guerre civile, dites qu'un engagement a eu lieu, que mon client était à la Pénissière, et qu'il faut lui faire payer de la vie une triste célébrité, vous serez dans vos fonctions et nous vous répondrons. Le droit terrible de l'accusation a des bornes, et personne n'a le droit de calomnier l'accusé.

Puisque M. le procureur général a été prendre ses preuves dans des récits publics, j'ai aussi mes présomptions, mes renseignemens, et je les crois plus exacts que les siens. Besson, ancien soldat, officier de la garde nationale', était d'une force de corps prodigieuse. Son irritation contre ceux qui n'avaient pas ses opinions politiques était grande. Il rencontra deux hommes armés qui se cachaient. Il eut l'imprudence de marcher vers eux, malgré la défense qu'ils lui firent. Ils pensèrent que Besson les arrêterait, et qu'ils n'auraient pas la force de lui résister si une fois ils se laissaient saisir. Besson avançait toujours. Il fut renversé par un coup de feu. L'homme qui tira est très âgé. Vous comprenez que mes confidences ne sauraient aller plus loin. Jamin ne dénonce pas pour se défendre, il préfère les périls de sa position à un tel moyen de justification. Il n'aurait craint une lutte corps à corps avec personne, un second ne lui était pas nécessaire pour échapper aux mains de Besson, et il n'avait pas besoin d'un meurtre pour s'en délivrer.

Jamin cultive une petite ferme. Père de neuf enfans, il lui en reste quatre en bas âge. On ne trouve pas dans sa vie un seul acte d'improbité. Religieux observateur de toute ses promesses, il n'a jamais fait de tort à qui que ce soit, et du fond de sa prison, ruiné lui et les siens par sa longue captivité, il s'efforce de remplir ses engagemens. J'ai déjà exprimé mon étonnement de lui entendre reprocher la petite pension qu'il obtint pour s'être montré dans les combats de 1815. Un paysan qui reçoit du gouvernement de tels encouragemens, ne doit pas croire que l'action qui méritait hier des récompenses sera demain digne de mort. On prenait sur les Vendéens de nombreux renseignemens avant de leur accorder des titres d'honneur. Jamin pensionné était au moins un honnête homme. Le pouvoir avait un immense intérêt à ne faire que de bons choix. Il y avait tant de voix, même près desprinces, pour décrier les récompenses vendéennes !

Quant au reproche d'ingratitude, Jamin ne se pique pas de reconnaissance envers le trône de juillet. Il ne doit sa pension qu'à ses services. Si on la lui a conservée, c'est qu'il eût été injuste de l'en dépouiller. Pourquoi faire aujourd'hui de mon client un brigand , un assassin, alors qu'hier encore on le traitait avec ménagement et distinction?

Je ne relèverai pas une foule de petits faits dont le récit mensonger ou insignifiant n'a servi qu'à constater la haine de quelques témoins. Ces faits ont été détruits aux débats , et M. l'avocat général (1) dans son impartialité les a écartés de l'accusation.

J'aborde ce qui a paru grave au ministère public.

Le 5 juin, Jamin, exalté par les événemens qui allaient éclater et auxquels il prenait, assure-t-on , une si grande part, court après Hébert, courrier de Tiffauge , et le force à s'arrêter en le menaçant de son espingole. Il lui aurait dit : *Tu mériterais que je fisse feu sur toi. Nous avons ordre de tirer sur ceux qui fuient* (2).

Ce prétendu Jamin se serait nommé. *Il avait une longue barbe.* Tel n'a jamais été le signalement du Jamin des débats , et Hébert ne le reconnaît pas bien positivement. Je pourrais donc élever de grands doutes sur l'identité de l'homme qui a tant effrayé le courrier de Tiffauge.

J'aime mieux examiner avec vous ce qu'il y aurait de coupable dans l'action imputée à Jamin.

(1) M. Gaillard.
(2) *Jamin parlait comme un soldat de l'état de siége.*

Il dit à Hébert : *J'ai là quatre cents hommes dans un champ voisin.* Personne, Messieurs, ne les a aperçus. Quatre cents hommes armés ne se seraient pas promenés incognito dans la campagne. Après un début peu rassurant, Jamin s'écrie : *Vive Henri V ! Aimes-tu Henri V? Il nous faut Henri V ! il faut soutenir la religion!* Hébert crie plus fort que Jamin, il aime tout ce qu'aime Jamin, et il soutiendra tout ce que soutiendra Jamin. Voilà, certes, un étrange brigand. Il ne parle que de son roi en exil, de sa religion en péril. M. l'avocat-général nous a déclaré que le gouvernement de juillet avait le plus grand respect pour la religion. Un paysan du Bocage pouvait penser différemment, en présence des croix abattues, de ses prêtres outragés, suspects, incarcérés. L'abbé de Pradt vient de publier une brochure dans laquelle il s'émeut sur les dangers que court la religion, et il signale ces dangers. Personne n'accusera d'exagération, de rigidité, de cagotisme, monseigneur de Malines.

Jamin dans ses discours, qui en définitive ne prouvaient que son inquiétude et son exaspération, ne s'est pas informé de ce que portait le courrier de Tiffauge ; je me trompe, il lui a dit : *Va-t'en! je ne veux pas faire de tort à tes papiers.* Ce mot seul vous peint le caractère de mon client, et me dispense de justifier une scène de grand chemin.

Pour la première fois à l'audience, la justice a entendu Gautret, officier de la garde nationale, et dans cette déclaration assez vague, on a cru trouver contre Jamin un fait de commandement, un fait capital. Gautret prétend que, le 6 juin, il conduisait une patrouille de gardes nationaux ; et qu'arrivé au pont Cayet, il avait appris le grand danger auquel il venait d'échapper. *Une femme lui a dit* qu'à huit heures Jamin ; à la tête d'une bande, l'avait *cherché* et *poursuivi*. Ainsi donc, c'est sur un *on dit* de femme qu'un verdict de mort sortira de votre bouche.

A *huit heures*, Jamin était à la Pénissière ; à *huit heures* il a été vu *prêchant* dans la cour, selon l'expression d'un témoin, ce qui ne veut pas dire qu'il endoctrinait ses camarades, mais qu'il avait avec eux une conversation.

Jamin, que l'on nous montre comme le principal auteur de la réunion séditieuse du 6 juin, comme distribuant des armes, comme soutenant et animant les rebelles par sa présence et ses discours, ne pouvait être dans tous les lieux à la fois. Ce n'était pas l'homme universel. Gautret, garde national si facile à frapper dans tant de circonstances et toujours épargné, n'était pas d'ailleurs assez important pour que l'on dirigeât contre lui une expédition. On eût ainsi donné l'éveil à la ligne que l'on voulait surprendre. Que M. Gautret se rassure ; dans les guerres civiles, il n'y a de péril que pour les hommes qui se rendent redoutables par leur influence ou par leur énergie.

Dût la vérité être funeste à mon client, il l'invoque tout entière, et il ne cherche à vous cacher ni ce qu'il a fait, ni ce qu'il voulait faire. On peut croire les hommes qui ont le courage d'avouer leurs actions au fond des cachots, en face des partis qui murmurent, devant les juges chargés de prononcer souverainement sur leur sort. Examinons la procédure, suivons les débats, fouillons la vie de Jamin ; nous ne le surprendrons jamais exerçant une vengeance personnelle, jamais dans une bande, jamais dans une attaque partielle. Ce genre d'hostilité ne convient point à son caractère. Jamin est un homme de combat. C'est sur ce terrain que je placerai franchement la discussion. ce que vous avez à juger, c'est la conduite de Jamin dans les journées des 5 et 6 juin.

Presque tous les témoins, *au commencement de l'instruction*, ont déclaré que le 5 juin Jamin, la cocarde blanche au front, agitant une espingole, d'horribles menaces à la bouche, parcourait les campagnes en criant: *Aux armes! les bleus mettent tout à feu et à sang!* il entrait dans les fermes. Aux uns il disait: on *pillera* votre maison, on mangera vos bœufs si vous restez chez vous. Il disait aux autres, *Je vous brûlerai la cervelle si vous ne partez pas*, et tous ces hommes effrayés s'arrachaient à leurs travaux, quittaient leurs femmes, leurs enfans et s'engageaient malgré eux dans la révolte. Presque tous les témoins, *au commencement de l'instruction*, ont déclaré que Jamin était la terreur du pays. L'un d'eux, dans sa frayeur ou dans sa haine, a même prétendu qu'il aimerait mieux rencontrer deux cents chouans que Jamin. C'est donner à mon client une valeur qu'il n'a pas, et que je repousse. Une telle exagération est un avertissement pour la justice. Mettons-nous en garde contre ces jugemens de parti, grossis par les appréhensions d'un témoin qu'il est facile de faire trembler. N'écoutons que les faits et les hommes calmes.

A l'audience, lorsque le temps a refroidi les esprits et rassuré ceux qui ne croyaient se sauver qu'en perdant Jamin, ces projets sinistres, ces cris de mort qu'on lui imputait, ont disparu. Il ne reste plus que ces paroles: « *Il faut partir. Les bleus mettent*

« *tout à feu et à sang.* » Bientôt nous expliquerons
ce langage ; mais remarquons d'abord, Messieurs,
combien la procédure en s'instruisant devant vous a
perdu de gravité. C'est un tout autre homme, un
tout autre procès que vous avez à juger.

Jamin dit à Merlaud de partir pour la Pénissière,
et Merlaud ne juge pas convenable de s'y rendre ;
et Merlaud ne songe même pas aux suites de son
refus. Il est sans inquiétude, malgré sa désobéissance
aux ordres de son terrible voisin. Un autre paysan
non seulement résiste à Jamin, mais encore il le
réprimande ouvertement. Pour toute arme j'ai mon
aiguillon, s'écrie Richard en conduisant sa charrue.
Tu es un sot, va-t'en, nigaud. Jamin se retire, sans
même échanger une parole un peu vive avec celui
qui l'objurguait aussi fortement. Voilà donc ce Jamin, ce redoutable insurgé, dont la voix seule sai-
sissait d'effroi, que l'on n'osait regarder en face et
dont la moindre volonté était une loi pour tous ceux
auxquels il s'adressait. On ne tient aucun compte
de ses ordres, de ses menaces, de ses démarches.
On le raille, on pousse jusqu'à l'insulte la censure
de ses discours, de ses propositions, de ses plans de
campagne, et tout cela impunément, au moment
même d'une levée en masse, au milieu de la crise
qui se prépare.

Jamin, cet *homme dangereux*, comme le disaient
d'abord tous les témoins, et *ce qu'ils n'ont pas répété*,
Jamin, ce meurtrier, ce chef de bande, cet épou-
vantail de tant de communes, n'est même pas connu
de M. Suyrot dont les propriétés et le château ne
sont qu'à une distance de quatre lieues de la Bruffière. Le nom de Jamin n'était jamais parvenu à

M. Suyrot. Pour la première fois, il a entendu parler aujourd'hui de l'accusé et de ses excursions dans le Bocage. Il faut donc renoncer à faire de Jamin un brigand politique, la terreur de la contrée.

Avec un peu de réflexion tout s'explique naturellement, et les accusations les plus graves disparaissent. Nous n'avons pas besoin d'inculper le témoignage de tous ces hommes qui pesaient sur nous et s'exprimaient dans l'origine avec tant d'acharnement. Ces pauvres gens ne sont qu'à plaindre. Ils n'étaient pas libres.

Presque tous avaient pris une part quelconque à l'insurrection. Plusieurs d'entre eux étaient à la Pénissière et s'étaient battus vaillamment. Ils avaient devant eux les emprisonnemens et les supplices. Un seul moyen d'échapper se présentait. Tous ces hommes l'ont avidement saisi, préférant le rôle de témoin à celui d'accusé; ils ont dû dire qu'ils ont été entraînés, et qu'il ne leur a pas été possible de résister aux violences de Jamin. Ils ont dû dire que son caractère ne permettait aucune objection, et qu'ils se trouvaient condamnés à la soumission la plus complète. Jamin a tout fait. C'est une victime nécessaire au salut de tous.

Devant le juge d'instruction, les témoins ne songeaient qu'à leur propre péril. Ils se défendaient en accusant. Quel est l'homme impartial, l'homme de bien qui écoutera des dépositions faites, sous l'empire de la crainte, avec l'alternative de livrer sa tête ou celle de l'accusé? Aujourd'hui même que nous entendons les témoins rétracter une partie de ce qu'ils ont dit, ne se croient-ils plus liés par leurs premières déclarations, et seraient ils bien exempts de toute appréhension en renonçant à se plaindre de Jamin, en nous apprenant toute la vérité?

Ainsi donc, les faits, les paroles, la part que chacun aurait eue à l'agitation de juin, tout nous échappe. Il n'y a rien de certain dans ce déplorable procès. Cependant tout semble bien précisé pour le ministère public, et il veut faire sortir la mort des débats, en y découvrant contre Jamin les questions de *commandement* et *d'emploi* dans les bandes.

Ah! Messieurs, c'est ici que nous nous arrêterons un moment pour discuter non seulement devant vous, mais encore devant la cour, ce grave incident qui a peu effrayé la défense.

L'art. 97 du Code pénal est ainsi conçu : « Sera « puni de mort quiconque aura exercé dans la bande « un *emploi* ou *commandement* ».

Le *commandement*, c'est la suprématie remise à un seul, c'est la direction qu'il imprime par son unique volonté, c'est l'empire confié à un chef, et qu'il exerce sur tous au nom de tous.

L'*emploi*, c'est le rôle assigné à un individu qui coopére d'une manière spéciale à l'existence de la bande, à son entretien, à ses succès. L'employé, puni de mort, c'est celui dont les travaux et les fonctions organisent, alimentent la révolte. L'employé, puni de mort, c'est le fournisseur, le caissier, l'administrateur. Il faut une chose bien sérieuse, bien importante, pour établir entre deux hommes, une distinction qui soumet l'un à la police, à une simple surveillance, et conduit l'autre à l'échafaud.

Le commandement est-il donc dans le *ouï-dire* du témoin unique Gautret; dans cette bande invisible pour tous, excepté pour une femme que vous n'avez

pas entendue? En admettant même la réalité de la
bande du pont Cayet, et que Jamin, malgré sa présence bien constatée dans un autre lieu en faisait partie, dirigeait-il ou était-il dirigé? Gautret n'oserait
trancher cette importante question avec ses douteux
renseignemens et ses propos légèrement recueillis en
traversant la campagne.

Le commandement est-il dans un prétendu repas
pris par Jamin à la Pénissière, à la table des chefs?
Ils auraient pu accorder cette distinction passagère
à un métayer, à un brave, à un pensionné de 1815
sans partager avec lui leur autorité. Un dîner sous la
tente, en présence de l'ennemi, au moment du péril, n'exigeait pas une grande égalité parmi les con-
vives. Mille circonstances d'ailleurs étaient de na-
ture à attirer à Jamin un funeste honneur; on pouvait avoir des renseignemens à lui demander, des propositions à lui faire, une mission à lui confier, des
ordres à lui donner, un poste dangereux à lui assi-
gner. Rien au surplus n'est moins prouvé que le repas placé en première ligne parmi les charges de
l'accusation. Écoutons les témoins. Un seul, Blain,
avait dit au juge d'instruction : « *Je vis Jamin manger avec les chefs.* Blain est décédé. On a lu à l'audience sa déposition. Ce n'est pas là un témoignage.
Blain, en votre présence, ainsi que les autres témoins, changerait ou modifierait sans doute sa déclaration. Comme eux, il était fortement compromis
lorsqu'il fut appelé devant le magistrat, et son langage était plein d'animosité contre Jamin.

Que nous apprend Gauthier ? « J'ai entendu dire
« au château qu'il fallait manger la soupe. On di-
« sait que Jamin mangerait avec les chefs. L'un

«, d'eux lui dit : *Voulez-vous apporter votre assiette?*
Malgré la gravité du sujet, il serait difficile de dis-
serter sérieusement une telle déposition, et M. l'a-
vocat général sera bien habile s'il y trouve la preuve
qu'il cherche. *Apportez votre assiette*, ne signifie pas :
vous êtes notre égal, prenez place à notre table. Ces
mots expriment pour moi protection d'une part, et
de l'autre soumission. Il me semble voir un inférieur
qui manque de nourriture, et qui en reçoit de la
bienveillance d'un supérieur. Mais pourquoi s'atta-
cher à ces minces détails, quand la question est
nettement tranchée par deux témoins. Gauthier n'a-
t-il pas ajouté : « *je ne connaissais à Jamin aucune*
« *autorité;* » et Richard n'a-t-il pas dit : « *Jamin*
« *n'exerçait point de commandement.* » Il a donné un
fusil; oui, Messieurs, mais il n'en a donné qu'un
seul et à un homme qu'il connaissait, qu'il avait
amené. Une assez nombreuse distribution d'espin-
goles a été faite, et elle n'a pas été faite par Jamin.
Dans ce rendez-vous tumultueux, les choses ne de-
vaient pas se faire avec une grande régularité. Les
armes, les cartouches étaient à la disposition de tous
ceux qui grossissaient la petite troupe. Tout le monde
pouvait en prendre et en distribuer. Jamin a inter-
cédé pour quelques paysans qui voulaient obtenir
l'autorisation de rentrer chez eux momentanément,
et qui ne sont pas revenus. Celui qui intercède ne
commande pas. Que l'on nous parle si l'on veut de
la confiance des chefs envers l'accusé; mais Jamin
à la Pénissière n'avait rien à ordonner.

On a soutenu qu'il avait un *emploi* dans une bande.
Un emploi ?... Eh! lequel? En vérité je le cherche
encore après avoir écouté attentivement mon adver-

saire. Il vous a fait sans doute des peintures fort vives et fort tristes de l'insurrection. Il a fait retentir
la voix de Jamin parcourant les villages et entraî-
nant ses concitoyens à la révolte. Tout cela est ora-
toire, mais ne prouve pas que Jamin avait un *emploi*
dans une bande. Il est impossible de donner cette
qualification au recrutement forcé qu'il aurait fait de
quelques hommes. Il y a plus, la bande n'existait
pas, puisqu'il s'agissait de la former. J'aurais compris
davantage, j'aurais combattu la question d'embauchage et d'enrôlement. Elle a été jugée par la chambre d'accusation, qui a déclaré qu'il n'y avait eu ni
embauchage, ni *enrôlement*. Pourquoi donc repro-
duire, sous une forme nouvelle et insoutenable, une
question décidée?

Je serais plein de confiance dans vos réponses,
MM. les jurés, si vous étiez appelés à prononcer.
Vous feriez une prompte justice d'un tel incident.
Mais je ne crains pas de le dire, *jeter* dans la discussion, une question capitale sans aucun élément
pour constituer le crime, soumettre aux chances
d'une délibération ce qui a été écarté par un arrêt,
ce serait une monstruosité judiciaire. Les questions
d'*emploi* et de *commandement* ne vous seront pas po-
sées.

Pesons maintenant les faits. Examinons leur moralité devant la loi. Vous n'avez pas à nous appren-
dre s'ils sont blâmables, mais si celui auquel on les
impute doit être puni de mort. Je ferai de larges
concessions au ministère public. J'admettrai comme
constant tout ce qui est douteux, et même ce qui a
été démenti. J'admettrai la violence et le succès des
menaces de Jamin le 5 juin, et la scène du cour-

rier, j'admettrai sa présence dans une bande au pont Cayet, une distribution d'armes. Eh bien! Messieurs, dans cette longue énumération des griefs de M. l'avocat-général contre l'accusé, vous ne trouverez pas encore l'attentat; vous ne verrez que des préparatifs. Vous savez que la tentative est un acte aussi coupable que le crime même, et qui est le commencement non douteux de son exécution. Tout ce qui s'est passé avant l'engagement du 6 juin ne pouvait-il pas se résoudre par un vain bruit et d'impuissantes démonstrations? Les paroles exaltées de Jamin, ses courses, la remise d'un fusil, attestent ses intentions malveillantes, mais il n'y a encore jusqu'ici que des intentions. S'il abandonnait tout à coup sa funeste pensée, on ne pourrait pas dire qu'un acte *d'exécution du crime* a été commis ou commencé. Rappelez-vous l'arrêt Levaillant: *Concerter un empoisonnement, se choisir des complices, acheter du poison, le remettre à celui qui doit le verser, ce n'est que préparer le crime*. Rappelez-vous ce passage d'un beau plaidoyer d'Hennequin: *Des hommes s'assemblent dans le voisinage d'une maison isolée, ils se comptent, arrêtent un plan d'attaque, chargent leurs armes, ce ne sont là que des préparatifs*. Ces exemples que j'emprunte au passé sont décisifs, et ils n'ont pas été créés pour les besoins de ma cause.

Soutiendra-t-on que Jamin est au moins complice des faits qu'il a provoqués? Mais les hommes qu'il a poussés à l'insurrection sont tous témoins. Aucun d'eux n'est poursuivi, ils n'ont pas commis de crimes.

On est donc obligé de le reconnaître, tout le

procès est dans le combat de la Pénissière. Ecartons
ce qui a précédé.

J'ai abordé avec une grande franchise les points
les plus délicats. Je vous parlerai avec la même
sincérité. La franchise, surtout en matière politique, est, je crois, le meilleur moyen quand on s'a-
dresse à des hommes de cœur.

De vieux soldats, des officiers influens trompés
eux-mêmes ont trompé Jamin. Ils lui ont dit : *La
Vendée est debout avec ses héros. De longues humilia-
tions nous sont réservées, une dure tyrannie nous me-
nace: On insulte à la religion de nos pères, et nos égli-
ses loin d'être protégées sont souillées par l'impiété. On
persécute nos prêtres, on les outrage. Les riches pro-
priétaires, les bienfaiteurs de ces contrées, sont pros-
crits, emprisonnés, ou réduits à se cacher.* On a dit à
Jamin : *déjà les bleus mettent tout à feu et à sang*, et
Jamin l'a répété. On lui a dit : *l'état de siége envahit
vos chaumières, perçoit de lourds impôts, dévore
vos bestiaux, et ne respecte ni vos femmes, ni l'enfance,
ni la vieillesse. Il ne s'agit plus de porter avec patience
un joug intolérable. La France est aux prises avec la
révolution qui reparaît hideuse avec ses lois féroces, ses
hommes de sang et ses échafauds. Choisissez entre la
révolution et nous, car il faut prendre parti dans cette
grande lutte qui sera la dernière.* On a dit à Jamin .
*souvenez-vous de votre père que la révolution a massa-
cré....* Ah! Messieurs, que l'on n'accuse pas de fiction
un tel langage, une telle crainte. Le patriote Gautret n'a-t-il pas rapporté que de tous les côtés on
répétait: *Nous allons avoir une revolution comme en
89.* Ces bruits quotidiennement répandus ont dû
agir fortement sur l'esprit de Jamin. On lui avait lu

des proclamations de *Madame;* on lui avait lu un
appel aux braves avec ce nom électrique *Larochejaquelein,* et ces mots *Gloire à Dieu! Vive Henri V!*

Certes tant de choses n'étaient pas nécessaires pour
exalter un paysan et le jeter dans une guerre civile.

Pour bien juger les faits et les hommes, repor-
tons-nous par la pensée sur le lieu du combat,
explorons le terrain, marquons la position des assiégés et des assiégeans ; assistons à cette lutte effrayante où tant de courage a été montré et qui a eu
un si long et si douloureux retentissement.

J'ai voulu voir la Pénissière. J'ai voulu l'examiner dans ses plus petits détails pour mieux me rendre compte des événemens et des dépositions des
témoins. J'ai vu des démolitions, des murs noircis
par le feu, des vestiges de poutres et de charpentes
brûlées. J'ai vu un fermier ruiné comme le proprié-
taire par le passage des troupes dans sa ferme, et la
destruction complète d'une maison depuis long-
temps inhabitée et où il ne reste plus que des pierres.
J'ai vu dans un pré, et au fond d'un jardin cinq
petits monticules couverts d'herbe et qui n'étaient
indiqués par aucun signe. La piété n'avait osé les
couvrir d'une croix. C'est là que l'on avait enseveli
précipitamment les restes mutilés de plusieurs Vendéens dont on m'apprit mystérieusément les noms.
Deux de ces tombes renfermaient deux cadavres,
car on n'avait pas eu le temps de creuser la terre
pour tous les morts. A l'aspect de ces ruines et de
ces tombeaux, j'étais profondément ému. Je ne sen-
tais dans mon cœur que de la tristesse et de la com-
passion pour tous les acteurs de la sanglante jour-
née du 6 juin.

J'arrivais de Clisson. J'avais passé par le village
de la Bernardière. Je m'attendais à découvrir un
château gothique avec ses gros murs, ses tours, ses
fortifications. Je croyais me transporter sur un point
militaire où un petit nombre d'hommes s'était
donné rendez-vous pour commencer la guerre et
tenir le pays à l'abri de fossés, de pont-levis, de
donjons et de créneaux.

J'aperçus une porte cochère qu'un enfant eut
renversée. J'entrai dans une vaste cour entourée de
murs en mauvais état, légèrement creusée pour un
abreuvoir et une large fosse à fumier. Il y avait sur
la droite des granges, des écuries, des étables. En
face, entièrement isolés, sur la même ligne et dé-
tachés l'un de l'autre, s'élevaient deux bâtimens.
L'un était celui du fermier, l'autre sur le bord d'une
prairie était ce fameux château arraché à son obscu-
rité pour prendre place dans l'histoire.

Le château de la Pénissière, n'est qu'une maison
rustique, formant un carré-long, ayant de petites
portes et quelques fenêtres d'une inégale grandeur
au rez-de-chaussée et au premier, sur la cour et sur
le jardin clos par de bons murs; excepté du côté de
la prairie. Les deux pignons perpendiculaires jusqu'à la sommité du toit n'ont point d'ouvertures.

Cette habitation n'était qu'une maison de campagne un peu délâbrée. Elle n'avait pu être choisie
comme point de résistance, comme place de guerre.

J'avais entendu des récits où figuraient des che-
valiers se défendant au bruit d'une musique guer-
rière sous les yeux de leurs dames qui les animaient
au combat. On avait parlé mystérieusement d'un
cadavre de femme, trouvé noirci et à demi-con-

sumé dans les décombres. On nommait tout bas
Madame avec un lugubre gémissement. Pour donner
quelque créance à cette triste nouvelle, on citait un
superbe coursier et son riche équipement enlevé à
la Pénissière.

Tout cela était poétique sans doute, et bien propre à remuer le cœur et l'imagination; mais le noble coursier, son brillant harnais, le concert che-
valeresque et surtout la dame brûlée n'étaient heureusement que des fables. Il n'y avait d'héroïque que
les combattans.

Des paysans surpris au moment d'une réunion et
déterminés à vendre chèrement leur vie, tels sont
les preux de la Pénissière.

On a entendu le son plaintif d'un cor. C'était un
signal de détresse. On ne demandait pas merci : on
appelait des secours. On croyait être délivré. Là se
bornaient les espérances des insurgés.

L'autorité avait été promptement avertie. De divers points étaient accourus huit cents soldats et des
gardes nationaux qui, par un bonheur signalé, n'ont
eu aucune perte à déplorer. La troupe de ligne entre brusquement, elle fait une décharge et court
enlever à la baïonnette les faibles obstacles qu'elle
croit avoir devant elle. La troupe de ligne est re-
poussée.

Devenus plus circonspects, les soldats se rangent
près des murs. Ils cernent tous les bâtimens. Ils se
cachent en dehors pour surprendre les Vendéens
qui tenteraient de s'évader. Ils percent dans les murs
de la cour et du jardin de petites meurtrières, ils
pénètrent par des brèches latérales afin d'éviter
le feu en ligne droite de leurs adversaires, et ils

tirent un peu couverts par les embrasures des fenêtres.

Les soldats essaient une seconde attaque. Ils en-
vahissent impétueusement le rez-de-chaussée qu'ils
sont bientôt obligés d'abandonner en le laissant jon-
ché de leurs morts et de leurs blessés. Ces derniers
succombèrent dans l'incendie qui fut allumé par
leurs compagnons d'armes.

Les soldats cessent d'attaquer en face. Ils s'ap-
prochent sans danger de l'un des pignons de la maison ; ils montent sur le toit et le chargent de fagots
enflammés. Une épaisse fumée environne les assiégés. L'un d'eux malade, meurt dans un cabinet où
il avait été déposé. Tous ces hommes sont couverts
d'une pluie de feu. Les uns avec leurs fusils sou-
tiennent les soliveaux qui s'ébranlent et vont les
écraser, et les autres continuent le combat pour em-
pêcher l'entrée de la maison.

Jamin a été reconnu dans l'embrasure d'une fenêtre
avec son espingole. Nous ne saurions pas qu'il a tiré
s'il ne l'avait pas lui-même déclaré; mais il faut
prendre sa déclaration telle qu'il l'a faite. Il s'est
défendu comme il l'a pu. Il n'a tiré qu'un seul coup.
Pourquoi ce coup aurait-il été mortel? Quel est le
soldat qui a été renversé? c'est à l'accusation à tout
prouver. Des milliers de coups ont été tirés. Un petit
nombre a donné la mort. Ah! Messieurs, quand il serait malheureusement vrai que Jamin aurait tué ceux
qui le pressaient avec tant d'acharnement, il se défendait, il n'attaquait pas. Dès l'origine, l'exaspération des soldats était à son comble. Il n'y avait
point eu de sommations. Dans un accès de colère
le feu avait été mis inutilement à un bâtiment du

fermier, situé hors l'enceinte. Le lendemain, les soldats étaient revenus disperser des ruines. Au moment de la sortie, un Vendéen qui s'était égaré avait été cruellement égorgé. On lui avait ouvert la poitrine et le cœur.

Si l'un de vous, Messieurs, s'était trouvé malgré lui à la Pénissière, qu'aurait-il fait? aurait-il crié par les fenêtres, je suis là contre ma volonté, arrêtez, je me rends. On ne l'eût pas entendu. On eût commencé par le mettre en pièces. Il y avait donc nécessité actuelle pour Jamin de repousser une terrible agression. En vain on objecterait qu'on ne reconnaît aucun droit à des révoltés. Au-dessus de toutes les lois humaines est la loi naturelle. Elle est plus puissante que toutes nos distinctions et tous nos codes de circonstance. Supposons un condamné que les hommes ont retranché de la société. Il marche au supplice, et l'on ignore que sa grâce vient d'être signée. A l'instant de l'exécution, il brise ses liens et tue le bourreau. Déclareriez-vous que cet homme est coupable? Non, Messieurs, car il n'a fait qu'obéir à cet instinct irrésistible de sa conservation que Dieu même a jeté dans le cœur de tous les hommes avec l'horreur de la mort. Les réfugiés de la Pénissière étaient dans cette horrible situation ; ils avaient tous d'abord entendu leur arrêt sortir de la bouche des soldats en furie : *Mort aux chouans! Mort aux chouans!...*

Je comprendrais l'attentat si tous ces hommes, libres de leurs actions, avaient été attaquer un cantonnement. Le 6 juin, des difficultés insurmontables, un contre ordre, leur petit nombre, ne pouvaient-ils pas les faire renoncer à leurs desseins?

Déjà, et c'est l'accusation qui veut bien nous l'ap-
prendre, ils s'étaient réunis à la Pénissière et s'é-
taient ensuite tranquillement séparés.

Vous avez entendu Papin, vous avez entendu
Poiron et plusieurs autres témoins qui tous étaient
à la Pénissière, qui tous conviennent avoir pris
part au combat. *Papin avoue qu'il a tué.* Tous sont
en liberté, tous excepté un, n'ont même pas été
poursuivis. C'est donc pour Jamin seulement qu'est
réservé le privilége de l'échafaud... Cependant tous
sont coupables ou tous sont innocens. Les distinctions de l'accusation, Messieurs, ont tracé votre devoir : vous n'avez plus qu'à absoudre.

Vous n'oublierez pas ces belles paroles sorties de
la bouche d'un magistrat (1), qui autrefois comme
aujourd'hui parlait d'indulgence : *Les jurés sont ani-
més de l'ardent désir de découvrir la vérité qui absout,
plutôt que la vérité qui condamne.*

Jamin a résisté pour sauver ses jours, voilà la vérité qui absout.

Si, comme l'a proclamé le même magistrat, *la
pitié est la vertu des lois*, la pitié est la vertu de ceux
qui les appliquent; la pitié est surtout la vertu du
jury. Mais pourquoi parler de pitié? Si l'héroïque
défense de la Pénissière était pour nous un fait
étranger, nous plaindrions les combattans et nous
n'aurions pour eux que de l'admiration. M. le procureur-général lui-même s'est abandonné à ce sentiment qui nous domine au récit de grandes actions.

_____

(1) M. Girard a ouvert la session par un discours re-
marquable qui a fait une heureuse impression sur le
jury.

Dans un autre procès, il a dit : *J'honore Blaye, homme du gouvernement, je ne puis approuver les entreprises de la duchesse de Berry, mais j'admire le courage qu'elle a montré, parce que partout où il y a de l'héroïsme tout cœur français doit applaudir.*

Des Vendéens qui honorent Blaye, qui ne sont pas les hommes du gouvernement, ont pu se laisser entraîner par des entreprises que M. le procureur-général est chargé de punir, et qu'il eut honorées, si elles avaient réussi. M. le procureur-général, en applaudissant à l'héroïsme et au courage d'une princesse qui lui a tant d'obligations, n'a-t-il donc que de la colère et des châtimens pour l'héroïsme et le courage de pauvres paysans dont le cœur est aussi tout français. M. le procureur-général admire l'héroïsme près du trône. Condamnerez-vous l'héroïsme sous la bure?

Je pourrais, Messieurs, aujourd'hui surtout, vous parler d'amnistie, car dans son mémorable arrêt du 5 juillet dernier, la cour de cassation vient de poser un grand principe de justice et d'humanité.

L'amnistie est un acte de l'autorité publique qui impose silence à la loi pénale. Amnistie, *c'est abolition et oubli*, a dit un noble captif, M. le comte de Peyronnet; *grâce, ce n'est que pitié et pardon.* L'amnistie, Messieurs, cette nécessité de nos troubles politiques, détruit les procédures, anéantit les arrêts, éteint les souvenirs, efface pour ainsi dire le passé. Tous les pouvoirs, la *constituante,* l'*assemblée législative,* la *convention* elle-même, le *corps législatif,* le *directoire,* le *consulat,* l'*empire* ont amnistié! Il est de l'essence de l'amnistie d'être générale. Le droit d'amnistier peut être délégué.

Le 7 juin 1832, le général *Solignac* avait signé une proclamation qui fut affichée, et dans laquelle on lisait : « *Les hommes qui n'ont été qu'entraînes ou egarés, sont assurés de trouver grâce devant moi, s'ils réparent par une prompte soumission et la remise de leurs armes, le mal qu'ils ont fait à leur pays...........* *Que les cultivateurs, que les artisans s'empressent d'i-, miter l'exemple des nombreuses communes qui, en se soumettant, ont pu apprécier l'esprit d'indulgence que j'apporte dans ma haute mission. Qu'ils entrent chez eux en déposant leurs armes à leurs mairies respectives, qu'ils reprennent leurs travaux, ils trouveront dans le repentir de leur faute et dans un généreux oubli, les élémens de la prospérité qu'assurent la paix, la concorde, l'obéissance aux lois et la soumission au gouvernement.* »

La Cour suprême a décidé que cette proclamation constituait une véritable amnistie accordée dans l'exercice des pouvoirs extraordinaires dont le lieutenant-général *Solignac* avait été revêtu pendant l'état de siége.

Jamin n'a pas rendu son espingole, et il lui était impossible de la rendre. Il est constant qu'elle s'était échappée de ses mains au moment où il s'élançait de l'une des fenêtres du château dans la prairie. *Ce fait a été produit comme une charge.* Jamin, il est vrai, le 6 juin au soir, encore ému par le péril, échauffé par le combat, accusait de couardise ceux qui étaient restés chez eux. Il riait du désarmement volontaire de ses voisins. Mais Jamin a bientôt gardé le silence ; il ne parlait plus d'insurrection. *Il reprenait ses travaux habituels,* et se croyait comme les autres en paix avec l'autorité. Il n'a été arrêté que le 14, et

c'est lui-même qui a' ouvert la porte à la force publique. Il y a une soumission bien formelle dans cette
conduite de Jamin, et peu importe le mode de soumission. Pourquoi donc ne lui appliquerait-on pas
l'amnistie du 7 juin? une amnistie large dans ses
dispositions doit l'être encore dans l'interprétation.
Quels sont les motifs du prince qui amnistie? il veut
que l'on oublie une révolte contre sa personne, et
cherche à désarmer le mécontentement et la haine
qu'il a soulevés. Il veut mettre hors des tribunaux
des faits dignes d'indulgence, nés du malheur des
temps et des circonstances. Il veut enfin calmer les
populations par une clémence qui descendra sur tous
ses ennemis sans distinction, et attestera sa douceur et son autorité. Vous acheverez, Messieurs, ce
que le délégué du chef de l'Etat a entendu faire.
Vous vous demanderez comment, après une amnistie, tant d'accusés ont langui si long temps dans une
étroite prison. Y aurait-il aussi déception dans l'amnistie? Ne serait-elle plus qu'un piége tendu à la
soumission et au repentir?

Je déplore avec vous le funeste combat de la Pénissière et l'héroïsme inutile qui l'a soutenu. Je donne
de longs regrets à tous ceux qui ont succombé. C'est
du sang français qui a coulé, et il fallait le réserver
pour les périls de la patrie; mais enfin des malheurs
ne sont pas des crimes, et de nouvelles infortunes
ne rendraient pas la vie à ceux qui l'ont perdue.

Déjà heureusement éloignés d'une scène désas-
treuse, vous repousserez les passions qui égarent, et
vous parlerez comme l'histoire qui jugera avec indulgence de pareils faits.

Quarante-trois hommes, presque tous paysans, se

réunissent dans le vieux château de la Pénissière. Quels que fussent leurs projets, ils se seraient promptement dispersés, si on se fût contenté de les entourer, de les surveiller. Que pouvaient quarante-trois hommes au milieu d'un pays tranquille, accablé de troupes et de cantonnemens?

Huit cents soldats se précipitent sur l'antique manoir qu'ils appellent un repaire de brigands. Une vive fusillade s'engage ; on court à l'assaut, et, dans ce premier moment d'exaltation, les assiégés n'ont aucun quartier à espérer. Ils ne prennent donc conseil que de leur courage et de leur désespoir. Ils opposent la force à la force. Là, Messieurs, point de conspirateurs, point d'assassins, il n'y a que des combattans. Une mort certaine et terrible se présentait sous diverses formes, dans cette lutte inégale et acharnée, qui dura six heures, sans affaiblir la colère des uns et la résignation des autres.

Cependant les soldats furieux ont juré la destruction du vieux château et de tous ceux qu'il renferme. Un vaste incendie dévore cette petite place de guerre, forte de la seule énergie de ceux qui la défendent. O pitié! les assiégés n'ont plus qu'à périr au milieu des flammes qui les entourent, qui les étouffent, ou sous les coups des assiégeans, tranquilles spectateurs des feux qu'ils ont allumés. Point de capitulation à attendre. La mort est là, inexorable, prête à saisir sa proie. Au bruit affreux du combat succède un silence plus affreux encore.

Au moment où tout paraissait terminé, quelques hommes s'élancent du milieu de l'embrasement, et sans tirer ils se précipitent à travers leurs ennemis étonnés, et, malgré une décharge effroyable, leur sang-froid et leur intrépidité leur ouvrent un passage. Tous ne furent pas sauvés. Plusieurs tombèrent, et c'est un débris de cette petite armée condamnée à périr ou à combattre, que l'on réclame pour l'é-chafaud.

Ah! Messieurs, ne soyons pas plus cruels que dans ces tristes jours où la guerre civile, dans toute sa force, excusait de grandes rigueurs; suivons des leçons d'humanité.

Cinq mille républicains prisonniers allaient être déliv és et tourner leurs armes contre leurs vainqueurs. Les Vendéens voulaient les massacrer. On conçoit que ce premier mouvement arraché à la colère et au sentiment si naturel de sa conservation; mais la voix de Bonchamp se fait entendre, et Bonchamp mourant sauva cinq mille patriotes.

Ah! Messieurs, nous n'avons pas besoin de cette riche rançon pouver sauver les accusés. De pauvres paysans, voilà les victimes que l'on vous demande, quand la voix du chef de l'Etat est venue vous dire, au commencement de la session : *Tout se calme, tout se rassure.*

Non, Messieurs, non, ces infortunés ne sont pas coupables; acquittez donc. Un acquittement ne laisse après lui aucuns regrets; un acquittement provoque la reconnaissance, c'est un appel à la générosité des sentimens du parti opposé, c'est un gage de paix, un gage de réconciliation. Une condamnation laisse toujours au fond du cœur un souvenir douloureux, je dirais presque un remords. Une condamnation frappe celui que l'on estime; celui auquel on confierait sa fortune, celui enfin qui ne nous inspirerait que de l'intérêt si nous pouvions cesser de le haïr.

Blois, Chartres, Orléans, Montbrison, ont rendu les accusés. Avez-vous appris que l'ordre public ait été troublé par ces absolutions, et que le gouvernement n'ait pas eu des grâces à rendre aux hommes éclairés et consciencieux qui lui ont épargné d'inutiles sévérités?

Quel serait aujourd'hui le triste résultat d'une captivité sans fin, ou d'une sanglante expiation judiciaire? La justice vous dirait d'acquitter des hommes d'une position élevée. Mais ici vous n'avez devant vous que des cultivateurs peu éclairés, incapables de projets et d'associations. Il vous redemandent leurs champs, ils vous redemandent leurs familles. C'est la chaumière, la chaumière seule qui est en cause !

RÉPLIQUE.

MESSIEURS LES JURÉS,

Nous avons encore besoin de votre bienveillante attention : c'est sutout à la défense qu'elle est due. Deux avocats-généraux se sont levés pour combattre nos efforts et rendre à l'accusation toute sa force. L'un a remué contre nous le passé. L'autre vous avertit de vous mettre en garde contre des passions généreuses ; il nous a reproché d'éveiller la pitié dans vos âmes. Puissions-nous en avoir trouvé le chemin. La pitié est la vertu des nobles cœurs et ce ne sont pas les criminels qui l'inspirent. La vue seule de ces malheureux, la naïveté de leurs réponses, leur vie entière vous ont promptement désarmés ; vous êtes plus disposés à les plaindre qu'à les condamner. Le ministère public l'a compris, et il fait un appel à votre raison. Il veut qu'elle soit froide, inflexible comme la loi, et il invoque avec énergie les droits sacrés de la société. Mais M. l'avocat-général a-t-il bien donné l'exemple de cette impassibilité qu'il vous recommandait d'abord? Est-il resté glacé comme le texte qu'il nous oppose ? Avec toute la puissance de son talent, ne s'est-il pas animé au nom du bien public, et n'a-t-il pas trouvé contre nous de vives et brûlantes inspirations? Nous pouvons retourner, à M. l'avocat-général, le reproche qu'il nous adressait en débutant, et lui dire qu'il vaut mieux parler aux passions qui absolvent qu'aux passions qui condamnent.

M. Drault (1), pour nous accabler sous le poids de ses souvenirs historiques, a fouillé les greffes criminels et exhumé ces vieilles clameurs poussées pendant quinze ans contre la restauration. L'arrêt de Berton à la main, il s'est écrié : *On faisait tomber les têtes des patriotes.* Il a fait la guerre aux anciens parquets et a tonné contre leur sévérité.

Je n'examinerai pas si nous devons réviser aujourd'hui la décision du jury qui envoya le général Berton à l'échafaud ; c'est en gémissant sur sa tombe que l'on vous demande d'en creuser d'autres sur lesquelles on viendrait gémir de même un jour. Si l'on a eu tort de le condamner, il ne faut pas imiter ceux qui le condamnèrent. Les récriminations et les regrets de M. l'avocat-général sont pour vous un salutaire avertissement ; le deuil politique est éternel, et la génération qui s'éteint, le transmet à la génération qui s'élève.

Quant à l'ancien parquet, je déclare que j'en étais membre et que je suis fier de lui avoir appartenu. J'ai eu un bonheur que je ne dois sans doute qu'au hasard, je n'ai jamais requis de châtimens politiques. Il y a, je crois, peu de convenance à attaquer ici les anciens parquets ; M. l'avocat-général oublie que son chef qui siége à ses côtés en faisait partie, et qu'autrefois comme aujourd'hui il montrait un très grand zèle.

M. le procureur-général : *Je n'ai jamais requis de châtimens politiques.*

Me Nibelle : *Je ne dis pas cela. Je dis qu'a tre-*

---

(1) Premier avocat-général.

fois comme aujourd'hui vous aviez du zèle, un très grand zèle (1).....

M. Drault, je ne sais dans quelle intention, vous a rappelé que nous appellions la Vendée la terre classique de la fidélité. Oui, Messieurs, pendant quinze ans, *nous autres magistrats de la restauration*, nous avons exalté le courage des Vendéens. Nous vantions l'héroïsme de leurs pères, et nous les engagions à les imiter. Nous leur parlions avec admiration des hauts faits de ces braves qu'ils ont connus et qui naguère encore étaient au milieu d'eux. Nous leur disions que la Vendée se lève et meurt pour son Dieu et pour son roi. Ces bons paysans n'ont pas changé. Ils ont cru la sincérité de nos éloges. C'est nous qui avons entretenu, échauffé les sentimens qui les ont entraînés. *Nous autres, magistrats de la restauration,* nous sommes tous leurs complices, *oui tous, M. le procureur-général!...* Nous avons bien des reproches à nous faire...

Ce n'est pas nous, s'est-on écrié, qui avons provoqué une demande en règlement de juges, et l'on a accusé la défense d'avoir prolongé la captivité de tant de malheureux. Ah! j'accepte ce reproche, je le prends pour moi, pour moi seul. Oui, Messieurs, je suis le coupable que l'on vous désigne. A Bourbon-Vendée, j'avais entendu prononcer de nombreuses condamnations, et je croyais y remarquer une effrayante sévérité. Nous étions sous la terreur de l'état de siége, sur les lieux mêmes où des mou-

(1) Sous Louis XVIII et Charles X, M. Boucher, procureur-général, ne parlait jamais de ces *excellens* princes sans se servir de ces expressions de servitude : *Le Roi mon maître.*

vemens avaient éclaté, où l'on ne parlait que de vengeances, que de châtimens contre les artisans de la guerre civile. Une grande irritation dominait tous les esprits, et de tristes préventions s'étendaient jusque sur ceux qui osaient défendre des Vendéens.

Je leur dis qu'il n'y avait pour eux d'espoir de salut qu'en réclamant d'autres juges. Ils m'écoutèrent. Pour les faire se rétracter on leur parla d'indulgence (1). Je les ai maintenus dans leur première résolution. Je ne m'en repens pas : vous êtes nos juges.

J'appelle sur moi sans hésiter, la responsabilité d'une mesure qui affligeait le cœur de M. le procureur-général. Toutefois, il nous montre aujourd'hui une bien grande sollicitude pour les fanatiques du Bocage. Il aurait pu mettre moins d'entraves à notre demande, faire juger plus tôt ces bons paysans, et ne pas attendre si long-temps pour s'attendrir sur leur sort.

On vous a entretenus d'une fermentation nouvelle dans la Vendée, de bandes qui s'organisent. Des réfractaires qui ne voudraient quitter le lieu natal sous aucun régime, vous sont désignés comme formant une armée redoutable qu'il faut vaincre par les supplices. Je n'ai qu'un mot à répondre. On ne dé-

(1) Je n'ai obtenu à Bourbon qu'avec une grande difficulté et après une longue et vive discussion l'acquittement de Guillet co-accusé de Madame. Les charges étaient bien faibles. M. le procureur-général et deux substituts s'étaient réunis dans cette affaire. Guillet était accusé de vol. On demandait contre ce malheureux les travaux forcés à perpétuité. En sortant de prison Guillet courut à l'église, et tout son village s'assembla pour remercier avec lui le ciel de sa délivrance. Voilà les hommes que M. Boucher appelle *aujourd'hui* des brigands.

clinera pas l'autorité sur laquelle je m'appuie : Pour faire écarter notre demande en règlement de juges, M. le procureur-général écrivait : *Le calme et la confiance renaissent. Le commerce reprend son essor, et tout donne lieu d'espérer qu'en alliant la fermeté à la prudence, le gouvernement parviendra à rendre la Vendée aussi calme, aussi florissante que toute autre partie du royaume.*

Quand nous récusons des jurés de Bourbon, *la Vendée est calme. Tous les fermens de discorde ont disparu.* Quand nous sommes devant le jury, *la Vendée s'agite. Elle est toujours sur un volcan.* Il ne faudrait pas avoir deux langages et pacifier ou insurger la Vendée selon les besoins de l'accusation.

M. Drault (1), dans un mouvement de conviction accusatrice, s'est écrié : *Comment, avec tant de faits à charge, MM. les avocats peuvent-ils croire que ces dix Vendéens seront acquittés. Il faut être raisonnable.* J'avoue que les raisons de M. l'avocat-général ne m'ont pas converti. Je crois à l'acquittement des dix Vendéens. Je ne suis pas raisonnable dans le sens de M. Drault, et MM. les jurés ne le seront pas plus que moi.

On vous a dit, Messieurs, que l'exemple du maréchal Ney n'était pas heureux et que la restauration avait tué le maréchal. Je ne croyais pas avoir prêté des armes au ministère public, et j'attache encore une grande importance au rapprochement du présent avec le passé. On appelle meurtriers de la gloire française ceux qui dans un moment d'inquiétude et de crise firent périr un maréchal qui, malgré

(1) Premier avocat-général.

des sermens à une monarchie dont le sort lui était confié, n'avait pas été maître de ses émotions et avait passé à l'ennemi. Les résultats de cette défection furent immenses. La royauté s'achemina vers l'exil. Des flots de sang coulèrent, nos braves tombèrent à Waterloo; l'Europe envahit la France. Je n'accuse pas, je me défends. Si le maréchal méritait *indulgence et pitié*, ah! Messieurs, *indulgence et pitié* aussi pour ces Vendéens au cœur naïf, à la bouche sincère, qui n'ont trahi personne et n'ont point livré leur patrie à l'étranger. *Indulgence et pitié* pour ces Vendéens que la vue et la parole d'une femme remuaient fortement, qui se levaient comme leurs pères en croyant accomplir un grand devoir. *Indulgence et pitié*, dix-huit mois après les événemens, quand tout est calme, quand tout s'est terminé par d'inutiles manifestations.

La restauration a immolé le maréchal !... Non, Messieurs, ce sont les doctrinaires, ce sont les hommes du pouvoir actuel, de tous les pouvoirs qui l'ont tué. Ce sont eux qui retinrent la main qui allait signer la grâce de l'illustre condamné. Ce sont eux qui l'empêchèrent d'écrire à Louis XVIII. Le maréchal Ney périt comme Biron, sans vouloir avouer sa faute en présence d'un roi qui voulait pardonner.

Au nom de l'humanité et du bien public, j'ai soutenu que dans la guerre civile on devait faire des prisonniers, et qu'après la victoire il ne fallait pas frapper avec le glaive des lois ceux qui avaient succombé. J'ai été beaucoup moins loin que les auteurs qui ont traité cette grave matière. Vattel, qui n'était pas un légitimiste, s'exprime ainsi : « La guerre civile rompt les liens de la société et du gouvernement, ou elle en suspend au moins la force et l'effet ; elle donne naissance dans la nation, à deux partis indépendans, qui se regardent comme ennemis, et ne reconnaissent aucun juge commun. Il faut donc de nécessité que ces deux partis soient considérés comme formant désormais, au moins pour un temps, deux corps séparés, deux peuples différens. Que l'un d'eux ait eu tort de rompre l'unité de l'Etat, ils n'en sont pas moins divisés de fait. D'ailleurs, qui les jugera, qui prononcera de quel côté se trouve le tort ou la justice ? ils n'ont point de supérieur commun sur la terre. Ils sont donc dans le cas de deux nations qui entrent en contestation, et qui, ne pouvant s'accorder, ont recours aux armes.

Cela étant ainsi, il est bien évident que les lois communes de la guerre, ces maximes d'humanité, de modération, de droiture et d'honnêteté, que nous avons exposées ci-dessus, doivent être observées de part et d'autre dans les guerres civiles. Les mêmes raisons qui en fondent l'obligation d'État à État, les rendent autant et plus nécessaires, dans le cas malheureux où deux partis obstinés déchirent leur commune patrie. Si le souverain se croit en droit de faire pendre les prisonniers comme rebelles, le parti opposé usera de représailles ; s'il n'observe pas religieusement les capitulations et toutes les conventions faites avec ses ennemis, ils ne se fieront plus à sa parole ; s'il brûle et dévaste, ils en feront autant : la guerre deviendra cruelle, terrible et toujours funeste à la nation. Les troupes mêmes ont souvent refusé de servir dans une guerre où le prince les exposait à de cruelles représailles. Prêts à verser leur sang pour son service les armes à la main, des officiers pleins d'honneur ne se sont pas crus obligés de s'exposer à une mort ignominieuse. Toutes les fois donc qu'un parti nombreux se croit en droit de résister au souverain, et se voit en état d'en venir aux armes, la guerre doit se faire entre eux de la même manière qu'entre deux nations différentes; et ils doivent se ménager les mêmes moyens d'en prévenir les excès et de rétablir la paix. »

Vous l'entendez, Messieurs, Vattel veut qu'une grande insurrection traite d'égal à égal avec le pouvoir. Nos prétentions ne sont pas si hautes, malgré le mouvement général qui vous a été signalé et qui a entraîné nos cliens. Nous demandons que ces sentinelles perdues de la guerre civile ne montent pas sur l'échafaud. Il est temps de rendre les prisonniers.

Mais, Messieurs, je ne vous ai présenté ce moyen que comme une considération d'un ordre élevé. Ce n'est pas là qu'est ma défense. J'ai établi l'aggression et la fureur du soldat. Elles nous ont été concédées par M. l'avocat-général. J'ai établi la triste nécessité du combat pour Jamin et les hommes réunis à la Pénissière. Ils résistaient pour sauver leurs jours, et non pour renverser le gouvernement. Il est impossible de méconnaître les impérieuses circonstances qui obligeaient des paysans surpris, condamnés à mort sans avoir été avertis ou entendus, à faire ce que nous eussions fait à leur place. On nous oppose des faits particuliers, on nous parle encore des courses de Jamin, de ses menaces, du courrier de Tiffauges, de Besson, du pont Cayet: il me semblait avoir réduit à leur juste valeur ces assertions souvent dénuées de preuves, quelquefois formellement démenties, tous les *on dit* de l'accusation. Elle est faible ; Carelle ne s'appuie que sur des faits extérieurs, en dehors de l'accusation. Elle est faible ; car on n'a pas détruit notre moyen si simple de justification, et ce n'est pas le talent qui a manqué à M. l'avocat général. Le principal argument pour maintenir les réserves et la gravité de l'action dirigée contre Jamin, est celui-ci : « *La petite distance du pont Cayet à la Pénissière permettait de paraître presque en même temps dans ces différents lieux.* » Ce raisonnement, Messieurs, ne prouve pas la présence de mon client au pont Cayet, et une telle preuve serait d'ailleurs sans résultat. Aucune rencontre n'a eu lieu, aucun coup n'a été tiré ; et tout se serait terminé par une promenade.

Ce Jamin, que l'on nous peignait avec des couleurs si sombres, a cependant touché le magistrat que vous avez entendu. Hier, après l'audience, ce magistrat me disait · « *Je me reproche un oubli. Un témoin a rapporté qu'il n'y avait aucune bassesse dans la vie de Jamin, et qu'il nourrissait sa vieille mère; je n'en ai pas parlé.* »

Cette déposition, Messieurs, a ému, ébranlé l'orateur qui nous accuse. Il a pensé qu'un homme probe, qu'un bon fils avait des droits à la bienveillance de ses juges. Je ne crains pas de trahir la confidence et les regrets de M. l'avocat-général ; ils font l'éloge de son cœur.

En vous invitant, Messieurs, à l'indulgence, j'ai été plus favorable au pouvoir que ceux qui croient le maintenir par des exemples effrayans d'une continuelle sévérité. Homme de parti, ne comptant pour rien les infortunes particulières, et ne voyant que l'a-

venir et le succès d'un principe, je vous dirais :
« *Faites tomber les têtes de quelques Vendéens ; leur supplice fera des milliers d'ennemis au pouvoir, et du sang des martyrs il naîtra des héros. Frappez sans pitié · Les gouvernemens s'écroulent en condamnant.* »
En nous tenant ce langage, Messieurs, je m'appuierais, sur une autorité que ne repoussera pas M. le procureur-général ; M. Barthe, avocat, s'exprimait ainsi à Colmar, en défendant les conspirateurs de Béfort :

« Je pourrais jeter ici, en terminant, des considérations morales qui arriveraient peut-être à vos âmes. Je pourrais vous dire qu'il serait temps enfin, après trente années de révolution, que la modération et l'humanité pénétrassent dans le sanctuaire de la justice, qu'il serait temps qu'on ne dressât plus les échafauds politiques, et qu'on ne recommençât plus une carrière si heureusement abandonnée sous le régime constitutionnel. Voilà ce que réclame la morale, le véritable intérêt des gouvernemens, non pas cet intérêt du moment qui n'est autre chose que le besoin des passions et le cri des partis, mais leur intérêt sage et permanent, c'est-à-dire le besoin de se concilier les affections populaires et la nécessité d'éviter tout ce qui pourrait envenimer les haines et réchauffer les dissensions politiques. Lorsque le roi Jacques II fut précipité du trône des Stuarts, sur lequel il ne s'assit qu'un instant ; s'il ne trouva au temps de l'infortune que des cœurs aigris contre son administration, c'est que le souvenir des échafauds politiques qui sous son règne avaient épouvanté l'Angleterre, et que celui de sa persévérance à suivre ce système désastreux était encore tout vivant et avait ruiné les affections des Anglais. »

M. Barthe ajoute que « *les meilleurs ou plutôt* les seuls amis des rois ne sont pas les Jefferies, ces conseillers qui, invoquant le salut de l'Etat, alors qu'ils ne cèdent qu'à la perversité de leur instinct ou de leur ambition, font couler à flots le sang de leurs concitoyens; mais les hommes sages et modérés qui ont eu horreur ce sang. »

Vous êtes les hommes sages et modérés dont parle M. Barthe. Vous n'aurez pas besoin d'interroger l'Angleterre. Jetez un regard rapide derrière vous, et vous ne trouverez dans votre histoire et dans vos souvenirs que des motifs d'absolution.

A une époque de funeste mémoire, la convention étendit sa main sanglante sur l'Ouest, et la Vendée tout entière fut condamnée à périr. L'arrêt de quelques hommes proscrivit des populations; des générations s'éteignirent dans les massacres et les supplices, car les femmes, les vieillards, les enfans ne furent pas épargnés. Une lutte d'extermination s'engagea. Des armées victorieuses aux frontières s'engloutirent dans le Bocage et furent vaincues par des laboureurs. Ces combats à outrance ne produisirent que des ruines. La France pleura sur le tombeau du soldat de la république, et sur le tombeau du soldat vendéen.

Un homme fort surgit au milieu de nos désastres. Il tendit presque en suppliant à la Vendée une main qui faisait trembler l'Europe. Il n'appela pas vos enfans des brigands, il les appela des géans; il ne vit pas les attentats et les complots du Code pénal dans votre agitation et vos soulèvemens. Cet homme savait régner, car il savait combattre, vaincre et absoudre.

Bonaparte, juste appréciateur des calamités de son époque, a obtenu la sanction du monde civilisé.

La France marche aujourd'hui dans des voies plus douces que celles de l'homme de fer qui ne vivait que de victoires et de combats. Nous avons vu tant de changemens divers, tant de trônes renversés, tant de trônes rétablis. La France veut l'ordre, elle est lasse de sang, elle a horreur des échafauds. Acquittez donc, vous serez les échos de la France et les bienfaiteurs du pays!

───

Nota. La question d'emploi et de commandement a été écartée par la cour. Le jury a déclaré que Jamin et Bidault père avaient fait partie d'une bande, et qu'ils avaient été saisis hors du lieu du rassemblement. La cour a condamné Jamin à dix années de surveillance et a ordonné sa mise en liberté. Racaud, Devaux, Ouvrard, Lamprière, Coussau, Quillet, Abeilard, Bidault fils ont été acquittés, à une heure du matin, le 25 août, jour de la Saint-Louis. Aucune peine n'a été prononcée contre Bidault père. Il avait fait sa soumission, et la cour a décidé que l'amnistie lui était applicable.

M. le procureur-général a requis un nouveau mandat d'arrêt contre Jamin par suite des réserves relatives au meurtre de Besson. L'innocence de Jamin a déjà été judiciairement reconnue sur ce point. Mais ce malheureux paysan avait dit le 7 avec toute sa commune que Besson avait été tué le 6. M. le pro-

cureur-général appelle cela une charge nouvelle.
Nous savons d'avance ce que la justice pensera de
l'information de M. Gilbert-Boucher; mais Jamin
sera resté quelques semaines, peut-être quelques
mois en prison.

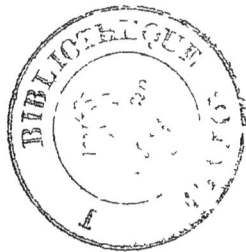

175

www.ingramcontent.com/pod-product-compliance
Lightning Source LLC
Chambersburg PA
CBHW050531210326
41520CB00012B/2529